Otto Wigand

202 Holzschnitte nach Zeichnungen von Ludwig Richter

Otto Wigand

202 Holzschnitte nach Zeichnungen von Ludwig Richter

ISBN/EAN: 9783743376526

Hergestellt in Europa, USA, Kanada, Australien, Japan

Cover: Foto ©Thomas Meinert / pixelio.de

Manufactured and distributed by brebook publishing software (www.brebook.com)

Otto Wigand

202 Holzschnitte nach Zeichnungen von Ludwig Richter

202 Holzschnitte

nach Zeichnungen

von

Ludwig Richter.

Zweite Auflage.

Leipzig
Eigenthum und Verlag von Otto Wigand.
1864.

Vorwort.

Herr Professor Ludwig Richter in Dresden hat seit einer Reihe von mehr als zwanzig Jahren einige hundert Illustrationen zu verschiedenen Werken meines Verlages entworfen und gezeichnet. Die Zeichnungen hat der Künstler zum größten Theile gleich auf Holz ausgeführt und ich habe dann dieselben von den vorzüglichsten Xylographen schneiden lassen. Es versteht sich von selbst, daß sämmtliche Zeichnungen und Schnitte für mich und für meine Rechnung gemacht worden sind. Sie sind somit mein alleiniges Eigenthum. —

Seit mehren Jahren war es mein Wunsch, die sämmtlichen Richter'schen Bilder apart in einem Bande gesammelt, nach chronologischer Folge, erscheinen zu lassen. Wenn ich bisher unterließ, mein Vorhaben auszuführen, so war es einzig der Grund, daß Herr Georg Wigand schon vor zehn Jahren seine und fremde Holzstöcke nach Richter'schen Zeichnungen unter dem Titel: „**Richter-Album**" erscheinen ließ. Ich nahm mir vor, meine Holzschnitte in späterer Zeit unter dem Titel: „**Erinnerung an Ludwig Richter**" herauszugeben. Wenn ich nun schon jetzt, bei Lebzeiten des Herrn Professor L. Richter, meine Sammlung Richter'scher Bilder der Welt übergebe, so geschieht das in Folge einer in diesem Jahre erschienenen Correspondenz aus Dresden im *Morgenblatt*. In dieser Correspondenz wird, trotzdem, daß das Richter-Album über zehn Jahre existirt und der Herausgeber: Herr Georg Wigand, bereits über zwei Jahre todt ist, an der Erscheinung dieses Albums gemäkelt, an dem Rechte es zu edirn gezweifelt, und somit, wenn auch noch so leise und behutsam, der Ehre des Herrn Georg Wigand zu nahe getreten. Die gegenwärtige Besitzerin der Georg Wigand'schen Buchhandlung, Frau Lina Wigand, schrieb deßhalb dem Herrn Prof. Richter nach Dresden und machte denselben auf das Ungebörige in dieser Correspondenz aufmerksam, und erwartete mit Recht, daß Herr Richter öffentlich erklären würde, wie Herr Georg Wigand nur in seinem Rechte gewesen sei, die Holzstöcke in der Form eines Albums herauszugeben, und zwar um so mehr, da Herr Georg Wigand in seinem Vorwort zum Album vom 30. April 1851 sagt: „Ich habe nicht allein meinem Freunde Richter eine Freude bereitet, sondern auch wesentlich dazu beigetragen, die Aufmerksamkeit der Kunstfreunde in erhöhtem Maße auf ihn zu lenken" ꝛc. Statt einer Erklärung, wie es einem Manne zukommt, der mit Herrn Georg Wigand und mit mir seit über fünfundzwanzig Jahren in dem freundlichsten Verkehr lebte, antwortete Herr Richter sehr ausweichend und that nichts gegen eine Verunglimpfung, die man dem todten Freunde auf's Grab legte. Ich für meinen Theil habe auf diese Thatsache keine andere Antwort, als daß ich schon jetzt mein Eigenthum, die Richter'schen Bilder, gesammelt erscheinen lasse und hoffe und erwarte: daß nicht nur die Freunde der Richter'schen Schöpfungen, sondern Herr Professor L. Richter selbst dieses schöne Buch willkommen heißen und freundlich aufnehmen.

Leipzig, Ostermesse 1860.

Otto Wigand.

Vorwort zur zweiten Auflage.

Von dem ersten Abdruck dieser Bilder, mehr zur Wahrung meines Rechtes als aus geschäftlichen Gründen unternommen, hatte ich eine sehr kleine Auflage abziehen lassen. Es war dadurch eine allgemeine Versendung ausgeschlossen und dem Publikum das Buch somit schwerer zugänglich. Der Beifall und der Absatz, den es trotzdem gefunden, hat mich ermuthigt, den nothwendig gewordenen neuen Abdruck in genügender Größe zu veranstalten, um es auch weiteren Kreisen zuzuführen.

Der Notiz im Vorwort zur ersten Auflage über die Entstehung und den Schnitt der Zeichnungen füge ich noch hinzu, daß dieselben den Zeitraum von 1837 bis 1859 umfassend, fast alle darein fallenden Jahre vertreten, somit nicht nur das beste Bild für die Entwicklung des Künstlers, sondern auch für den Fortschritt der Holzschneidekunst bieten. Als solches empfehle ich diesen wiederholten Abdruck noch besonders.

Leipzig, im Januar 1864.

Otto Wigand.

Volksbücher.

1. Geschichte von Griseldis und dem Markgrafen Walther.

Freudig rief der Graf: „Wohl Griseldis!" nahm ihre Hand und führte sie hinaus, wo sein Gefolge und alles Volk, das dem Zuge gefolgt, versammelt war.

Aus dem Kreise der Frauen trat die geschmückte Jungfrau hervor, nicht mehr einer Bäuerin, sondern einer Gräfin gleichend, und der Markgraf begrüßte sie als seine Braut und verlobte sich mit ihr, indem er einen kostbaren Ring an ihren Finger steckte.

Gehe, trage das liebe Englein schnell hinweg, ich befehle es mit Leib und Seele in den Willen des allmächtigen Gottes!

Nehmet, sagte sie zum Grafen, alles was ich von Euch Schönes und Herrliches empfangen habe. Nackt bin ich aus meines Vaters Haus gegangen, und nackt will ich dahin zurückkehren.

Bedenket, lieber Vater, daß dieses Alles Gott gefügt und gethan hat und klagt nicht wider den Markgrafen, unsern Herrn, denn uns stehet nicht zu mit unserer Obrigkeit zu rechten.

Da umarmte sie erst herzinnig ihren lieben Gemahl, der sie niemals aufgehört hatte zu lieben, und dann ihre Kinder, um welche sie so bittre Schmerzen getragen hatte.

3. Geschichte von der edlen und schönen Melusina.

Aber Raimund hörte so wenig als er sah, sondern klagte immer noch sich selber sein Leid, als die Jungfrau seinem Roß in den Zügel griff und rief: „Seid Ihr aus adeligem Blut, Herr Ritter, so reitet nicht so ohne Gruß vorüber!"

Raimund und Melusina hatten das hochzeitliche Lager bestiegen und mit zärtlicher Liebe hielten sie einander umschlungen; da sprach Melusina: „Raimund, mein allerliebster Freund und Gemahl!" ıc.

Wie erschrak und erstaunte aber Raimund, als er bemerkte, daß Melusina nur bis zur Mitte des Leibes ein überaus schönes blühendes Weib sei, von da an aber ihr Körper in einen garstigen Schlangen- oder Drachenschwanz auslief, ꝛc.

Hoch in der Luft umfuhr sie das Schloß dreimal und stieß jedesmal ein herzzerreißendes Wehgeschrei aus.

Sie liebkoste die Kinder mit zärtlichen Geberden, setzte sich mit ihnen zum Kamine, wärmte sie und reichte ihnen ihre Brust.

Raimund behielt nur einen Priester und einen Schüler bei sich, legte mit dem Priester Einsiedlerkleidung an und ging nach dem Kloster zu Montserrat.

5. Geschichte von der schönen Magelone und dem Ritter Peter.

Der Vater sprach: „Ziehe hin, mein Sohn, wie Dein Herz Dich leitet. Wandle in Gottesfurcht und Frömmigkeit, bewahre Deine ritterliche Ehre."

Wie sie aber gegen einander ritten, da nahm Peter seine Lanze hoch und rückwärts, also daß er seinen Ohm nicht traf. Der aber fehlte ihn nicht, sondern traf den Ritter mitten auf die Brust, daß sein Speer in Splittern krach und er selbst von dem heftigen Anprall aus dem Sattel kam.

Er hatte den rothen Zindel mit den Ringen neben sich auf einen Stein gelegt und gedachte seiner nicht weiter, sondern gedachte nur seiner Liebe, schaute auf die in ihren blühenden Reizen auf seinem Schooße ruhende Geliebte und gelobte ihr in seinem Herzen ewige Liebe und unerschütterliche Treue.

Die Gräfin wickelte den Zindel auf, und siehe, da enthält derselbe jene drei Ringe, welche sie ihrem Sohne Peter mitgegeben hatte, als er sie verließ und in die Ferne zog.

Endlich am dritten Tage erhob er sich und lief nun rings um die Insel, suchte die höchste ins Meer hinausragende Klippe und saß auf derselben, in die weite See hinausstarrend, ob er kein Fahrzeug entdecke, ꝛc.

Da erkannte Peter von Provence seine schöne Braut, erkannte, daß sie es wirklich war, die er so lange gesucht und als todt betrauert hatte. Mit weit ausgebreiteten Armen stürzte er ihr entgegen und sie ihm, und fielen einander um den Hals ꝛc.

6. Geschichte vom Kaiser Octavianus.

Indem sie so schrie, gingen ihr die Augen auf und sie sah den Kaiser mit dem nackten Schwerte vor sich stehen, sah auch alsobald den Diener an ihrer Seite, sprang auf und schrie mit heller Stimme: „Ewiger Gott! wer hat mir solche Verrätherei zugerichtet? Wer ist dieser Mensch!"

Es war aber mit jenen Kaufleuten ein frommer Pilger, welcher Clemens hieß. Der sah das Kind an und fand es überaus schön; dachte, es möge wohl adliger Abkunft sein.

Er trieb also seine Rinder wieder nach Hause zu. Unterweges aber sah er einen Edelmann, welcher auf der Faust einen überaus schönen Sperber trug, wie ihn die vornehmen Herrn zur Jagd gebrauchen, ec.

Obschon Du mir einen Arm abgeschlagen hast, so soll es mir doch nicht schaden, denn ich habe einen Arzt, der weiß auch solche Wunden wieder zu heilen.

J

Nachdem er sie aber einmal auf sein Roß hatte, da drückte er sie an seine Brust und gab ihr manchen Kuß, denn der Pfeil der Liebe hatte sein Herz getroffen. Zugleich ritt er mit ihr eilend davon.

Derweil wurde alles Gut und Kleinod der Fürstin auf das Schiff gebracht und Florens und Marcebilla sammt allen ihren Jungfrauen säumten nicht lange, sondern traten in das Schiff und fuhren auf Paris zu.

7. Geschichte von den sieben Schwaben.

Die sieben Schwaben hatten aber auf dem Wege dahin noch viele Abenteuer zu bestehen, woran sicher die Zigeunerin schuld war, die alte Hex. Die saß nämlich außerhalb Kriegsbaber an einer Staude am Wege und kochte ein wunderliches Zeug durcheinander.

Und er ging auf sie zu und fragte sie: wie sie beiße? Sie antwortete: „Käther, und sie sei aus der Grafschaft Schwabed." Und dabei lugte sie ihm freundlich ins Gesicht; denn der Blitzschwab war kein unübler Kerl.

Das sah der Blitzschwab, und er ging ganz still hinterrucks auf ihn zu und sagte: „Frisch gewagt ist halb geschwommen," und gab ihm einen Stoß, daß er, plumpf! drunten lag.

Und sie rannten davon wie Spitzbuben, ohne umzuschauen, und rannten immer mehr, da sie hörten, daß wirklich einer hinter ihnen her trotte — es war aber der Spiegelschwab, der auch nicht säumte, ꝛc.

Als sie nun so um die Pfanne herum saßen und sich die gerösteten Spätzle schmecken ließen, sagte der Allgäuer, indem er einen Seufzer holte bis vom untersten Leben herauf: „'s ist ein Sach, wenn man bei sich so recht bedenkt, daß man zum letzten Mal in seinem Leben zu Mittag ißt."

Und wie sie nun gegen den Busch weiter vordringen und lugen und losen, siehe, da liegt ein Haas im Busch, der lugt und lost auch, und macht ein Männle und erschrickt und lauft davon. Die sieben Schwaben aber blieben ganz erstaunt und erstarrt. „Hasts gesehn? hasts gesehn?" ꝛc.

8. Geschichte von der heiligen Pfalzgräfin Genoveva.

Als sich nun der Graf mit den Seinigen zum Feldzuge fertig gemacht, und nunmehr von seiner lieben Genoveva Abschied nehmen wollte; 2c.

Der Graf sah alsdann auf ihr Geheiß in das Wasser, und bemerkte in dem Spiegel klar abgebildet, wie die Gräfin mit dem Koch freundlich redete und mit lächelndem Angesicht ihn liebkosete.

Da ging nun die arme Gräfin wie ein unschuldiges Schäflein zur Schlachtbank, und that ihren Mund nicht auf, sich mit einem Worte zu beklagen; sie trug ihr armes unschuldiges Lämmlein auf ihren Armen, drückte dasselbige ohn' Unterlaß an ihr Herz, ıc.

Einstmals, als sie bei ihrer Höhle knieend ihre Augen starr gen Himmel gewendet hatte, sah sie einen Engel von der Höhe zu ihr herabsteigen, welcher ein gar schönes Kreuz in seinen Händen trug, ıc.

Sie sprach seufzend: „Ach! mein Eheherr hieß Siegfried, ich Armselige aber nenne mich Genoveva." Diese wenigen Worte erstarrten den Grafen mehr, als hätte ihn ein Donnerstreich getroffen; darum fiel er vom Pferde urplötzlich zu Boden und lag auf der Erde auf seinem Angesichte, als wenn er ganz ohne Sinnen wäre.

Darnach nahm sie der Graf bei der Hand; ein edler Ritter trug den jungen Grafen nach, und man ging also langsam und gemächlich, bis ihnen die Sänfte entgegen kam. Die lieben Vögel flogen über sie her und gaben mit Flattern der Flügel genugsam zu verstehen, wie ungern sie Genoveva sammt dem jungen Grafen von sich ließen. Die Hirschkuh aber folgte der Gräfin wie ein sanftmüthiges Lamm nach 2c.

9. Geschichte von den vier Heymonskindern.

Als Heymon auf war, bekannte er sich höflich gegen seine Kinder und küßte erstlich den Writsart, darnach den Adelhart und Ritsart. Und als er Reinold küßte, drückte er denselben so freundlich an seine Brust und Wangen, daß ihm die Nase blutete, worüber Reinold sehr ergrimmte ꝛc.

Als Reinold und seine Brüder den König sahen, stiegen sie von ihrem Roß Beyart, fielen dem König zu Fuße, bewiesen ihm große Ehrfurcht und boten ihm das Haupt Saforets dar.

Danach kam der König auch in großer Andacht und empfing ein Süpplein, in der Meinung, daß ihm seine Sünden dadurch vergeben sein sollten.

Als der König dies im Schlafe hörte, antwortete er: „Nehmet Eure Vettern und thut damit was Euch gefällt!" wußte aber selbst nicht, was er geredet hatte. Als Malegys diese Worte vom König gehört, war er wohl zufrieden und sah sich um nach des Königs Krone, und nahm sein Schwert mit sich und ließ den König zusehen; ꝛc.

Danach nahm Reinold das Roß Bayart, gab es dem König und sagte: „Herr König! das Roß sei Eurer Majestät übergeben, Ihr möget damit thun was Euch beliebt!"

Da ward sein Leichnam gefunden und erkannt, und die Seele des heiligen Märtyrers Reinold mit großem Lobgesange von den Engeln vor des Himmels Thron geführt.

10. Geschichte von dem gehörnten Siegfried.

Da schlug Siegfried mit so gewaltiger Stärke auf das Eisen, daß es entzwei brach und der Amboß fast zur Hälfte in die Erde sank.

Als er nun des Drachen mit seinen Jungen wieder ansichtig ward, faßte er sein Schwert in beide Hände und schlug so grimmig auf den ungeheuren Drachen aus allen seinen Kräften, als ob er ihn zerscheitern wollte.

Als er wieder erwachte, nahm er den Schatz und legte ihn auf das Pferd des Ritters, er aber setzte sich wieder auf sein eigenes. Die Jungfrau sagte: „Mein edler Ritter! das Pferd ist uns wohl zu statten gekommen!"

12. Der wiedererstandene Eulenspiegel.

Da es nun Zeit war, gebot er dem Eulenspiegel, daß er ganz still und züchtig hinter ihm sitzen sollte. Was that aber das gehorsame Kind? Es hob säuberlich das Hemd vom Hintern auf und ließ die Bauern sich in einem neuen Spiegel besehen.

Nun hatte die Frau im Dorfe etwas zu thun; während der Zeit that Eulenspiegel, was das Kind nicht konnte, aufs Beste, setzte den Kinderstuhl darüber und auf diesen das Kind.

Des andern Morgens sagte Eulenspiegel zu dem Spitalmeister: nun wären alle Kranke genesen, und er solle nur an der Thür rufen, daß alle, welche gesund wären, herauskämen, so würde er sehen, daß Keiner zurück bliebe. Es geschah auch wirklich, daß Alle davon liefen und das Spital ganz leer wurde.

Als nun Eulenspiegel mit dem Rector und etlichen Magistris kam, legte er seinem Schüler ein Buch vor. Sobald der Esel das Buch in der Krippe fand, warf er die Blätter hin und her, den Hafer zu suchen; als er aber nichts fand, fing er an mit lauter Stimme zu schreien: „J A! J A!"

Eulenspiegel hatte nämlich die Gewohnheit, wo er einen Schalksstreich vollführt hatte und man ihn nicht kannte, da nahm er Kreide, malte über die Thüre eine Eule und einen Spiegel und schrieb dazu: Hic fuit. Wie also der Schmied aus der Thüre trat, da sah er das Zeichen. Indem er es ansah und die Schrift nicht lesen konnte, rief er den Kirchner, welcher eben vorüberging, und bat ihn, daß er ihm die Schrift lese. Da sprach der Kirchner: „Das bedeutet so viel, als: Hier ist Eulenspiegel gewesen."

Des Morgens legten die Schneidergesellen den Laden auf die Pfosten, setzten sich und nähten. Als nun der Sauhirt anfing zu blasen, daß Jedermann die Schweine anließ, kamen des Schneiders Schweine auch aus seinem Hause, liefen unter das Fenster und rieben sich an den Ladenpfosten. Da brachen die Pfosten ab und die drei Schneidergesellen fielen vom Fenster auf die Gasse. Eulenspiegel hatte wohl Acht gehabt und fing nun an zu rufen: „Sehet, der Wind weht drei Schneidergesellen vom Fenster!"

13 & 14. Tristan und Isalde.

Er fuhr nun hin ohne alle Hülfe und wußte selbst nicht wohin. Die Winde setzten ihm stark zu, und wie sie ihn trieben, so mußte er fahren; ꝛc.

Da ritten sie mit großer Eile und kamen zu dem Brunnen, wo Tristan ganz wund und besinnungslos lag. Die schöne Isalde nestelte ihm den Helm los und nahm denselben von seinem Haupte; Herr Tristan hörte das Flüstern der Frauen, schlug die Augen auf und sprach: „Wer nimmt mir meinen Helm!"

Auch Herr Tristan wußte nicht, daß ihm dieser Trunk zu solcher Angst und Noth verhelfen sollte, und that einen guten Trunk, denn ihn dürstete sehr. Der Wein dünkte ihm gut, und er reichte ihn der Jungfrau Isalde auch dar.

Als sie das Wasser schöpfen wollte, traten die beiden Männer hervor, ergriffen sie und sagten ihr, sie müßte sterben. Darüber erschrak Brangele über alle Maaßen und sprach: „Ihr Herren, was wollt Ihr von mir?" 2c.

Als die Nacht kam, stieg der Zwerg mit dem Könige auf die Linde, welche bei dem Brunnen stand. Der Mond schien diese Nacht hell, so daß sie Alles wohl sehen konnten, was da geschah.

Er sprang muthig in die See, schwamm ans Land und kam davon. Eilend lief er an dem Waſſer hin und ſah oft hinter ſich, ob ihm Niemand nachkäme.

Ein Feſttag war es für ſie, wenn Triſtan zuweilen einen Vogel ſchoß oder einen Fiſch mit der Angel in dem Bache fing, der nahe bei ihrer Hütte vorbeifloß.

„Bin ich euch lieb," sagte er, „so zeiget das an dem Braten." Die Frau nahm den Hund an ihre Hand, versprach Tristan, dieß zu thun, und pflegte ihn mit großem Fleiße.

Hiernach ging die Königin an dem Gebüsch hin, und hörte den Waldvöglein zu, welche gar lustig sangen. Da sprach sie zu ihnen mit lauter Stimme: „O, ihr lieben Böglein, Ihr gewährt so holde Freude durch Eure süßen Stimmen und holden Gesang; ɾc.

Bei diesen Worten zog er den Käse hervor und sprach: „Nehmet hin, holde Dame, was euch Euer Ritter gebracht hat, und ich sage Euch auf ritterliche Treue: wäret Ihr mir nicht so lieb, ich hätte Euch dieses Ding nicht gebracht."

Da ritt Rampecenis gegen ihn an, und schoß den kühnen Helden mit einem vergifteten Speer, so daß er für todt darniedersank. Als nun Rampecenis auf solche Weise seinen Zorn gerochen hatte, und sah, daß er diese beiden theuren und mannhaften Helden nach einem so harten Kampfe erschlagen hatte, ꝛc.

Da versagte ihr die Rede, und schweigend hob sie das Tuch auf, welches all' ihre Freude und Zuversicht barg, die sie je im Leben gehabt, entstellt vom Tode, und solches um ihretwillen. Sie küßte Herrn Tristan auf den Mund, lehnte sich über ihn, und gab ihre betrübte Seele auf.

15. 16. 17. Reineke der Fuchs.

Wie der Hahn mit großer Betrübniß kommt und klagt vor dem Könige über Reineke, dessen Missethat beweisend.

Wie Braun der Bär mit einem Briefe zu Reinecke gesandt wird und wie er ihn findet und zur Rede stellt.

Wie Hinze geschlagen und geschändet wird und endlich loskommt.

Wie Reinefe mit Grimbart auf dem Wege nach des Königs Hofe bei einem Kloster vorbeikommt.

Wie Reinefe an den Hof des Königs kommt, vor dem er sich demüthig verneigt und wo er diejenigen findet, die wider ihn klagen.

Wie Reinecke zum Tode geführt wird und seine Freunde den Hof verlassen.

Wie Reinecke seine Reise antritt und sich sehr traurig anstellt, und wie ihm alle Thiere das Geleit geben müssen.

Wie Reineke sich todt stellt.

Wie Isegrim der Wolf wider Reineken klagt.

Wie Reineke erzählt, daß er den Wolf unter die Meerkatzen gebracht, wo er in große Gefahr gerieth.

Wie der Kampf beginnt und welcher List sich Reineke bedient.

Wie Jsegrim krank darnieder liegt.

18. Wigolais vom Rade.

So kam er am neunten Tage gen Caridol, sprang aus dem Sattel, band sein Roß an eine Linde und setzte sich daneben auf einen Stein um auszuruhen, ohne weiter des Steines zu achten. Nun waren aber auf dem Schlosse einige Ritter und Frauen, welche in den Fenstern lagen, und den Jüngling auf dem Steine sitzen sahen; die zeigten ihn eines dem andern und waren höchlich verwundert.

Da saß er eine Frau sitzen, welche ohne Maßen klagte und in ihrem Jammer ihr Haar zerzauft und ihre Kleider zerrissen hatte. Der Held ritt zu ihr hin und redete sie an: „Frau, mäßiget euren Schmerz und saget mir, was euch bekümmert. So ich euch helfen kann, will ich es gern thun."

Als aber die Jungfrauen ihren Herrn also liegen sahen, daß er weder Hände noch Glieder mehr regte, wurden sie sehr betrübt.

21. Hirlanda.

Der elende König ließ endlich einen Juden rufen, dessen Kunst und Namen in dem ganzen Königreiche berühmt war. Diesem entdeckte er sein Leiden, indem er ihn sogleich bat, allen möglichen Fleiß anzuwenden, um ihn von demselben zu befreien.

Unterdessen daß diese glücklich fortsegelten, erschien der Engel des Herrn einem frommen Abt des Klosters zu St. Malo, mit Namen Bertrand und sagte ihm auf den Befehl Gottes, er solle alsbald einige Mannschaft zusammenbringen, und nach dem Hafen Aleth schicken, um allort an dem Strande einige Flüchtlinge aufzuhalten, welche ein fürstliches Kind, das noch nicht getauft sei, bei sich hätten.

Sie kniete vielmal unter den grünen Bäumen, erhob ihr Herz und ihre Augen gen Himmel und betete ganz inbrünstig zu ihrem liebsten Gott.

Die Richter schickten daher an dem vorhergehenden Abende ein altes Weib, welches die gefangene Hirlanda im Kerker bedient hatte, mit dem Befehle zu der Herzogin, daß sie ihr ansagen sollte, sie müsse den andern Tag sterben. Die Alte trat ganz betrübt vor Hirlanda, sah sie an und seufzte.

Als die Trompeter noch mit vollem Athem bliesen und die Henkersknechte sich anschickten, den Scheiterhaufen zu entzünden, siehe, da kam ein Ritter dahergesprengt, dem etliche Personen von ferne nachfolgten.

Mit diesen Worten fiel er ihr um den Hals und gab ihr einen freundlichen Kuß; die Mutter hingegen umfing ihn mit beiden Armen, und ward so von Liebe eingenommen, daß sie gleichfalls kein Wort reden konnte.

22. Geschichte von Fortunat.

Mit solchen Gedanken schweifte er am Strande hin, da sah er eine venetianische Galeere im Hafen vor Anker liegen, welche aus dem gelobten Lande zurückkehrte.

Als sie hineingetreten waren, schloß Andreas einen Koffer auf, und als sich der Edelmann herabneigte, um nach den Kleinoden zu sehen, zog jener schnell ein scharfes Messer, riß den Edelmann zu Boden, warf sich über ihn und brachte ihn durch viele tiefe Stiche in Hals und Brust um.

Alsbald reichte ihm die Jungfrau einen Seckel dar und sprach: „Nimm diesen Seckel! So oft du hineingreifst, in welchem Lande du auch seist, wirst du in ihm zehn Goldstücke finden, wie sie in dem Lande gelten."

Mit diesen Worten zog er unter dem Mantel den Beutel mit den vierhundert Goldstücken hervor und schüttete das Geld auf den Tisch.

Da erwiderte Fortunat: „Wahrlich, ich hätte nicht gemeint, daß der Hut so leicht wäre, und daß ihr so thöricht wäret, mir ihn aufzusetzen." Zugleich wünschte er sich in seine Galeere, und als er auch sofort auf dem Verdeck derselben mitten unter seinen höchlich verwunderten Leuten stand, befahl er diesen sogleich die Segel aufzuspannen und mit dem guten Winde, der vom Lande her blies, von hinnen zu fahren.

Hierauf zeigte er seinen Söhnen die beiden Kleinode, sagte ihnen, welche Tugenden sie hätten, und wie es sich namentlich mit dem Glückssäckel verhalte.

23. Geschichte von Fortunat's Söhnen.

Er wurde von seiner geliebten Dame aufs Freundlichste aufgenommen, besonders als er ihr die tausend Kronen in den Schooß schüttete.

Zur Stunde flog er mit der Prinzessin durch die Luft und langte bald auf einer verlassenen Insel, welche nahe bei Hibernia liegt, an.

Dieser hörte das kläglich Geschrei Andolostas von Ferne, ging der Stimme nach, fand den Unglücklichen und sagte zu ihm: „Du armer Mensch, wer hat dich hierher gebracht, oder was suchst du in dieser Wildniß?" Andolosta antwortete: „Vater, ich bin zu meinem Verderben wider Willen hierher gekommen."

Als die Prinzessin in seine Nähe kam, rief er mit verstellter Stimme: „Aepfel von Damaskus!" Agrippina sah die schönen Aepfel, fand Wohlgefallen an ihnen und trat zu dem Tische, indem sie fragte: „Wie verkaufst du sie?" Er antwortete: „Für drei Kronen das Stück."

Google

„Willſt du auch an mir zum Böſewicht werden?" Das ſoll dir übel bekommen!" und damit zog er vom Leder.
Graf Limoſi war auch nicht faul und hatte ſein Schwert ſchnell aus der Scheide, und nun gingen die beiden
Böſewichter feindlich auf einander los ꝛc.

24. Leben, Thaten und Höllenfahrt des Dr. Johann Fauſt.

Als die Erſcheinung vorüber war, erholte er ſich ein wenig und ſah wider Erwarten ein Geſpenſt vor ſeinen
Augen, welches langſam um den Zauberkreis herumwandelte.

Da hob sich der Mantel auf, schwebte empor durch das Haus hindurch, als wäre es offene Luft gewesen, und fort durch die Lüfte mit reißender Geschwindigkeit, daß den drei jungen Herren gar angst und bange wurde und sie sich fest an einander und an Fauft anklammerten.

Fauft rief alle Umstehenden zu Zeugen auf, daß ihm der Weinhändler das Faß mit Wein geschenkt habe. Stieg dann hinab in den Keller und setzte sich rittlings auf das Faß. Siehe, da begann sich dieses zu bewegen und kam wie ein gehorsamer Gaul mit Fauft die Treppe herauf.

Balb aber erschienen sie wieder und trieben vor sich her einen prachtvollen Hirsch mit sechzehn Enden, nebst vielem anderen aufgestöberten kleineren Wilde. Der Hirsch wurde vor den Augen des Cardinals und aller Anwesenden kunstgerecht gejagt und von Faust erlegt ɪc.

Nach Jahresfrist legte Helena einen Knaben in seine Arme, welchen sie ohne Weh und Schmerz geboren hatte. Faust drückte ihn jubelnd an sein Herz.

„Ach," schrie Fauß, „die Zahl meiner Sünden ist zu groß, ich bin nicht werth, daß Gott sich meiner erbarmen sollte!" Und mit diesen Worten sank er zusammen und in die Arme seines Famulus Wagner, welcher unbemerkt hereingetreten war, aber weder die Erscheinung gesehen, noch gehört und nur Fauß's letzte Worte vernommen hatte.

25. Das unschätzbare Schloß in der afrikanischen Höhle Xa Xa.

Sie waren an einem ganz öden Orte; Mattetai stieg ab, band sein Pferd an, und befahl Pameth desgleichen zu thun. Dieser von dem angestrengten Ritte ermüdet, streckte sich auf die Erde, um auszuruhen. Unterdessen hatte Mattetai ein Buch herausgezogen, und las in demselben. Bald darauf drehte er seinen Ring um und murmelte dabei; in demselben Augenblicke standen die Luftgeister vor ihm, die nach seinem Befehle fragten.

Es begegnete ihm aber ein Jude, der ihn fragte, wo er mit der Schale hinwolle? und als Lameth ihm erwiderte, er gedächte sie zu verkaufen, führte ihn der Jude in einen offnen Durchgang, besah die Schale von allen Seiten und fragte, wie hoch er dieselbe halte.

Da er einen hohlen Baum am Wege stehen sah, in welchem er sich verbergen konnte, so kroch er hinein und erwartete daselbst den Zug. Zufällig geschah es aber, daß grade dicht bei seinem Verstecke die Sänfte, in welcher die Tochter des Sultans, Namens Bellastra, getragen ward, zerbrach, so daß die Prinzessin herausfiel und vor Schreck in Ohnmacht sank. Alle Verschnittene und die dienenden Frauen liefen herbei und suchten zu helfen, ꝛc.

Lameth ritt in der Mitte auf seinem schönen Pferde, welches beständig die zierlichsten Sprünge machte, so prächtig einher, daß er dem schönsten Ritter glich und aller Augen auf sich zog. Hinter und vor ihm waren viele Sklaven mit Stirnbändern von Gold- und Silberblech.

Lameth hinkte nun als ein zerlumpter und abgezehrter Bettler an seinen herrlichen Palast heran, und das Herz wäre ihm fast gebrochen, als er seine Bellastra mit bleichem Gesichte und verweinten Augen an einem Fenster sitzen sah, wie sie den Kopf in die Hand stützte, und so in ihre Gedanken verloren war, daß sie ihn nicht eher bemerkte, als bis er vor ihr stand und um ein Almosen bat.

Alsbald eilte sie das Zeichen mit dem weißen Tuche zu geben, und Lameth, der schon längst auf der Lauer stand, lief so schnell er konnte herbei. Die Kammerfrau führte ihn dahin, wo Mattetal wie ein Holzklotz lag und Bellastra über ihrem Sieg frohlockend stand.

26. Robert der Teufel.

Nachdem Robert alle sieben ermordet hatte, trieb er noch ein schändliches Gespött mit den Leichnamen und jagte dann, über und über mit Blut besudelt, recht wie ein eingefleischter Teufel in dem Lande umher, bis daß er zu dem Schlosse von Arques kam.

Dabei klagte sie mit den härtesten Worten sich selbst an, schlug an ihre Brust, zerraufte ihr Haar und forderte Robert wiederholt auf, Rache an ihr zu nehmen und sie zu tödten. Robert hörte aufmerksam zu, bis seine Mutter geendet hatte, dann stürzte er vor Schmerz ohnmächtig zu Boden.

Robert folgte dem Hunde nach seinem Strohlager und legte sich bei ihm nieder. Der Kaiser, welcher den Narren vermißte, schickte nach ihm aus, und erfuhr, daß er bei dem Hunde unter der Treppe liege und schlafe.

Während dieß geschah, stand die stumme Tochter des Kaisers an einem Fenster des Palastes, durch welches man in den Baumgarten nach dem Brunnen hin sehen konnte. Sie sah also alles, was der Narr vornahm, und sie würde es verrathen haben, wenn sie hätte sprechen können.

Der weise Ritter stürzte sich sogleich in das dichteste Getümmel, da wo die Feinde schon am weitesten vorgedrungen waren, und begann dermaßen nach allen Seiten auf die Türken einzuhauen, daß er Köpfe, Arme und Beine abschnitt und Rosse und Reiter zu Boden streckte.

Als der fromme Priester diese Worte gesprochen, fiel Robert nieder auf seine Kniee, erhob seine Hände und seine Augen gen Himmel und sprach: „Erhabener Herr des Himmels, der du meine Uebelthaten mir vergeben hast, sei gelobt und gepriesen!"

30 & 31. Die Geschichte von den sieben weisen Meistern.

Vor langer Zeit regierte zu Rom ein Kaiser mit Namen Vespasianus, ein weiser, gewaltiger und kluger Herr, welcher mit der Tochter eines Königs vermählt war, die von der Natur mit solcher Schönheit und so herrlichen Tugenden begabt war, daß sie dadurch ihres Herrn ganzes Herz gewann. Dieselbe gebar einen Sohn, welcher Diocletianus genannt ward, 2c.

Wie aber der Kaiser zu Anfang der Nacht in sein Schlafzimmer kam und seine Gemahlin noch immer weinen und jammern sah, sagte er zu ihr: „Liebste Gemahlin, warum seid ihr so sehr betrübt, ihr seid doch den Händen des Bösewichts entronnen."

Wie aber Diocletianus unter dem Geschrei des Volks durch die Stadt geführt wurde, begegnete ihm sein erster Meister Bancillas und der Jüngling neigte gegen denselben sein Haupt, um ihn schweigend an sein ihm gegebenes Versprechen zu erinnern. Da redete der Meister die Knechte an, welche jenen führten, und bat sie mit Vollziehung des Bluturtheils nicht allzu eilig zu sein.

Als der Falke die große Schlange gewahr ward und sah, wie sie der Wiege sich näherte, auch bemerkte, daß der sonst alle Zeit wachsame Hund schlief, begann er mit seinen Flügeln ein solches Geräusch zu machen, daß der Hund davon erwachte. Alsobald ward auch dieser die Schlange gewahr, sprang zornig auf sie zu und stritt mit ihr um das Leben des Kindes.

Als die Frau sah, daß der Gärtner sich nicht dazu verstehen wollte, nahm sie ihm die Axt aus der Hand, hieb den Baum selber um und hieß ihn heimtragen.

Da kam auch der älteste der drei Ritter aus des Kaisers Palast. Der hörte ihren süßen Gesang und blickte empor nach dem Fenster. Als er nun ihre Schönheit erkannte, gewann er sie von Stund' an lieb.

Da sprach sie: „Gieb mir das Schwert, ich will auch dies noch thun um deinetwillen. Ich habe nie einen furchtsamern Mann gesehen." Sie nahm das Schwert, schlug dem Leichnam ihres Mannes eine große Wunde in die Stirn und schnitt ihm beide Ohren ab; dann sprach sie: „Jetzt henke ihn."

Eines Tages geschah es, daß der Vater zu Tisch saß und auch die Mutter, und der Sohn stand vor ihnen und bediente sie bei Tafel. Da kam eine Nachtigall zu dem Fenster eingeflogen und sang außermaßen schön, also daß der Ritter sprach: „Ich hörte nie einen süßern Gesang."

32. Der arme Heinrich.

Der kleine Hof mit Vieh und Feld, der wurde nach wie vor bestellt
Von einem armen Bauersmann, der selten Herzeleid gewann. ꝛc.

Die Eltern hörten mit Erbeben ihr Kind entsagen seinem Leben,
Mit Worten also wunderbaren, die seines Kindes Rede waren.
Die da von ihren Lippen flossen, als sei der Geist auf sie ergossen.
Der Reden macht in fremden Zungen. So seltsam war ihr Wort erklungen. ꝛc.

Sie ritt mit dem geliebten Herrn die ferne Straße gen Salern.
Ach, der zu neuem Leben geht, auf deffen bleichem Antlitz steht
Der Gram, der Kummer und die Noth; — und sie, die sucht ihren Tod,
Auf ihrem blühenden Gesicht erglänzt der Freude drittes Licht. ic.

Da nun die Jungfrau hört' und sah, daß nicht der Tod an ihr geschah,
Und als sie los der Meister band, ward sie betrübt, mit ihrer Hand
Zerraufte sie ihr Haar und schrie so kläglich, daß, wer sie gesehn,
Gemeint, ihr wär' groß Leid geschehn. ic.

Herr Heinrich ritt mit frohem Sinn nun wieder zu der Heimath hin.
Mit jedem Tage kehrt zurück ein Theil von seinem Jugendglück.
Sein Leib blüht auf, sein ganzes Wesen so schön wie nimmer es gewesen. 2c.

33. Geschichte vom König Eginhard in Böhmen.

Auch war dort manches Nonnenkloster von frommen Frauen gestiftet, dacinnen viele geistliche Psalmen und andere feine Andachten gesungen und gehalten wurden.

Da fiel der König vor des Kaisers Bette auf seine Knie und neben ihm standen zwei Edelknaben mit bedecktem Haupte, er aber fing also an zu reden: „Gnädigster Herr und mächtiger Kaiser! diese Festein bringe ich nicht, daß ich euch, meinem gnädigen Herren schließe, sondern daß ich damit geschlossen werde.

Er konnte wegen seiner großen Länge nicht durch das Thor eingehen, sondern stieg über die Stadtmauern, und allvort stieß er mit seiner Stange an einen Thurm, auf welchem ein Thürmer wohnte, der allezeit den Tag anblasen mußte.

36. Der Schwanenritter.

Er entbot also seine Ritter und Herren und diese kamen alsobald von allen Seiten, so daß er in kurzer Zeit ein mächtiges Heer zusammen hatte. Ehe er mit demselben abzog, ließ er Malabruna zu sich rufen und sprach zu ihr: „Meine liebe Mutter, Ihr wisset, wie die Feinde mir so nahe sind und ich darum gegen sie ziehen muß. ꝛc.

Nach langem Umirren kam er zu einem Weiher, wo er sechs Schwäne fand. Diese Thiere gefielen ihm über die Maßen, ob er gleich nicht wußte, daß es seine Geschwister waren, und er ging an das Ufer und lockte ihnen und sie kamen freundlich zu ihm heran und strichen ihre Hälse an ihm, und als er ihnen Brod bot, was er gerade bei sich trug, fraßen sie es aus seiner Hand.

Als Helias nun eine Zeit lang ruhig über Lillefort geherrscht hatte, sah er eines Tages aus einem Fenster des Schlosses und erblickte den Schwan, seinen Bruder, der auf dem Wasser schwamm und ein Schifflein hinter sich bis ans Land zog, re.

47. Joachim und Anna.

Geschichte von der Geburt der heiligen Jungfrau Maria.

Da trat eines Tages, da er allein war, ein Engel des Herrn zu ihm mit einem unermeßlichen Lichtglanze. Und als Joachim bei dem Anblicke desselben beunruhigt wurde, milderte der Engel, der ihm erschienen war, seine Furcht, indem er zu ihm sprach: „Fürchte Dich nicht, Joachim!" ꝛc.

Die Jungfrau des Herrn stieg ohne die Hand eines Menschen, der sie geführt und unterstützend emporgehoben hätte, alle Stufen einzeln hinauf und zwar solchergestalt, daß man hätte meinen sollen, es fehle ihr wenigstens in diesem Punkte Nichts zu dem vollständigen Alter.

Geschichte von dem heiligen Greise Joseph.

Deswegen machte er sich auf, und nahm Maria, meine Mutter, zu sich, und ich lag in ihrem Schooße. Auch bot sich Salome ihnen als Begleiterin auf dem Wege dar. Er reiste also von seiner Heimath hinweg, und entfernte sich nach Aegypten.

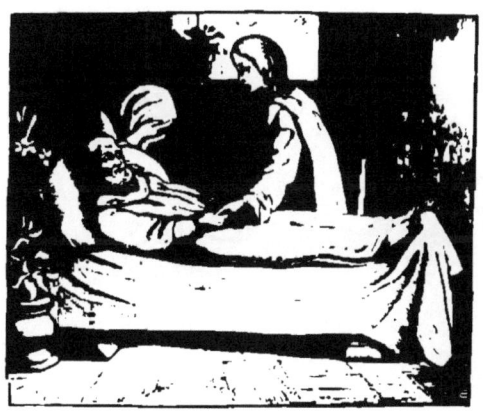

Ich aber hielt seine Hände eine volle Stunde lang. Und er wendete sein Angesicht auf mich, und gab mir ein Zeichen, daß ich ihn nicht verlassen sollte.

Geschichte von der Kindheit unseres Herrn und Heilandes Jesu Christi.

Und es begab sich, als der Herr Jesus geboren war zu Bethlehem, einer Stadt in Judäa, zur Zeit des Königs Herodes, siehe! da kamen die Weisen aus dem Morgenlande gen Jerusalem, und sie hatten Geschenke mit sich, Gold, Weihrauch und Myrrhen; und sie beteten ihn an, und brachten ihm ihre Geschenke dar.

Im Monat Adar aber versammelte Jesus die Knaben, und stellte dieselben in Ordnung gleichsam wie ein König; denn sie hatten ihre Kleider auf die Erde ausgebreitet, damit er sich auf dieselben niedersetzen sollte, und hatten aus Blumen eine Krone oder Kranz zusammengeflochten und sie ihm auf sein Haupt gesetzt, 2c.

48. Geschichte von dem Leben Jesu Christi.

Darauf nahm der Bote das leinene Tuch oder Plohn, das er in seinen Händen zu tragen pflegte, und breitete es vor ihm hin auf die Erde und sprach zu Jesu: „Lieber Herr, gehe diesen Gang mit uns und tritt ein, denn der Richter rufet Dich zur Verantwortung."

Sein Antlitz aber war so hell wie der Blitz, und seine Kleider waren weißer als der Schnee. Wir aber waren aus Furcht vor ihm, wie Todte. Und wir hörten den Engel reden mit den Weibern, welche gekommen waren zu dem Grabe Jesu; und er sprach zu ihnen: „Fürchtet euch nicht; ic.

Da wurde der Kerker emporgehoben gleichwie aus seinen vier Augeln oder Ecksteinen, und ich sah in der Nacht ein Licht in meinen Augen, gleichwie einen feurigen Blitz. Ich war voller Furcht und Schrecken, und fiel nieder auf die Erde. Da erfaßte mich Jemand bei der Hand, und hob mich auf von dem Orte, wo ich niedergefallen war; und er begoß mich mit einer wässerigen Feuchtigkeit, ıc.

In der Stunde der Mitternacht aber ging uns plötzlich in jenen dunkeln Räumen ein Licht auf, gleich dem goldenen Glanze der Sonne, und ein purpurnes königliches Licht glänzte über uns, und wir waren erleuchtet und sahen einander.

Darnach warf ihn der Herr Jesus Christus in die Hölle, und trat ihn mit seinem heiligen Fuße auf den Hals, und sprach zu ihm: Du hast viel Uebels gethan ohne Aufhören, und hast die Leute vom guten Wege abgeführt. Darum übergebe ich Dich heute dem ewigen Feuer.

Geschichte von Wollusin.

Das Weib bekannte Alles, und zeigte dem Kaiser das Bildniß des Sohnes Gottes. Und als nun Tiberius das Bild unsers Herrn Jesu Christi ansah, da entsetzte er sich ganz, fiel auf die Erde nieder, und neigte sich vor dem Bildnisse, und sprach mit weinenden Augen: „Ich glaube an Dich, Herr Jesus Christus, ꝛc.

Neue Fabeln.

Von A. F. Wander.

Sperling und Knabe.

Die Fledermaus.

Die Eule und die Singvögel.

Die Fettgans und der Pelikan.

Der Knabe und der Schwarzspecht.

Die Vorzüge der Gans.

Der Orangutang und der Mensch.

Der Knabe und die Schleiereule.

Die Elster und die Eule.

Die Schwalbe und der Eisvogel.

Der Immenwolf und der Bienenvater.

Das Kluzchen.

Die Lemminge auf Reisen.

Der Wolf und der Schiffer.

Volksmärchen aus der Bretagne.

Hans Rothkehlchen.

Weißdörnchen nahm die magre, schwarze Kuh bei einem alten Stricke, und so zog Liobeth mit ihrer Tochter in die Stallhütte ein.

Als sie draußen hingekommen war, fand sie den kleinen Vogel wieder, der sich wie gestern auf einen der Blumensträuße gesetzt hatte, welche Weißdörnchen am vorigen Tage in die Erde gepflanzt, und er sang abermals und schien sie zu rufen.

Bald sprach man überall davon und viele kamen herbei, um die Kuh zu sehen und von der Milch zu holen, denn sie war fetter und wohlschmeckender, als die von andern Kühen.

Weißhörnchen wurde schön und groß, blieb immer gut und hatte Mitleid mit Nothleidenden. Sie nahm sich besonders armer Kinder an und es ehrten und liebten sie Alle, die sie kannten.

Die Bibliothek für meine Kinder.

Valentin Duval.

Die Kinder saßen und rieben sich die kleinen Händchen; Philipp wärmte sich an seiner weißen Taube, die er vor vier Tagen erstarrt vor der Thür gefunden, und Ludwig an einem farbigen, dickbehaarten Kater, den er auf dem Schooße liegen hatte.

Und er sah in nicht zu weiter Ferne eine starke Rauchsäule aufsteigen, bis hoch in die Wolken. Er spornte seine letzten Kräfte an, und nach einer furchtbar schweren Stunde sah er eine Pachterwohnung vor sich liegen.

Noch fiel ihm etwas ein, was er thun könne! Er holte einen Korb Haferspreu herbei, breitete sie auf eine dicke Düngerlage, legte den Blatterkranken darauf, bedeckte diese wieder mit einer dicken Schicht Spreu und begrub ihn nun völlig unter eine dicke Schicht warmen Schafdünger, so daß von dem Knaben nichts sichtbar blieb, als das Gesicht. Es war ihm, als hätte er einen Todten begraben.

Der ehrwürdige Pfarrherr hieß den Ankömmling recht herzlich willkommen und traf nun alle Anstalten, den noch halb Kranken und wieder aufs Neue durch den Frost Beschädigten so zweckmäßig als möglich aufzunehmen.

Eines Tages führte ihn sein Weg durch ein nicht unbedeutendes, aber dennoch ganz armseliges Dorf. Vor ihm her gingen einige halbnackte Kinder von etwa acht bis zehn Jahren, unter den Armen ihr Büchlein und in der Hand eine glatte Schiefertafel, aber ohne den gewöhnlichen hölzernen Rahmen, tragend.

Und von allen Seiten strömten die glücklichen Landesbewohner den Gotteshäusern zu. Dieser Anblick bot wieder tausenderlei Neues für unsern in der größten Dürftigkeit aufgewachsenen Valentin dar.

Duval kam mit klopfenden Herzen an dem Thore des Klosters an. Er schlug mit dem Thorhammer an, und einer der vier Bewohner der Einsiedelei öffnete ihm den Eingang. Er zeigte sein Empfehlungsschreiben vor.

Er nahm nun seinen Posten tagtäglich bei einem Felsen ein. Die Wände des Felsens wurden seine Rechnentafeln und Schiefer- oder Rothstein zum Schreibmaterial.

Mit Freuden gab er seinen ganzen Reichthum, der nach unserm Gelde ungefähr anderthalb Thaler betragen mochte, für diesen Erdglobus und die Landkarten hin.

Hier fand er in einer Gartenlaube einen Jüngling, der ungefähr mit ihm auf einer Altersstufe stehen mochte, in einem Buche lesend. Bescheiden nahte er sich ihm.

An Nahrung für seinen hungrigen Geist fehlte es ihm jetzt nicht mehr, und er lag seinen Studien mit eisernem Fleiße ob.

Duval gerieth darüber dergestalt in Zorn, daß er zur ersten besten Waffe — zufälligerweise eine Kohlenschaufel — griff, und sich mit entschlossener Miene dem Zerstörer seiner Heiligthümer entgegenstellte. Der gefährdete Bruder Anton schrie mit starker Stimme nach Hilfe.

Nach einigen Tagen hatte er die Freude, den Eigenthümer des Petschaftes bei sich zu sehen. Es war ein vornehmer Engländer, reich und gebildet und von ausgezeichneten Eigenschaften des Herzens.

Der Abschied von den vier Klosterbrüdern war höchst rührend. Sie waren ihm ja Alles, Väter und Brüder, Lehrer und Freunde gewesen. Der ehrwürdige Bruder Paul stand vor Duval wie ein segnender Simon.

Oft stand er schon mit Anbruch der Morgenröthe auf irgend einem hochragenden Bergrücken, um das Dankopfer seines Herzens mit dem Morgenopfer der bräutlich geschmückten Natur zu verbinden.

Titelbilder zu O. L. B. Wolffs Märchen und Sagen.

F. Schmidt's Märchenbuch für Kinder.

Abends kamen sie in einen großen Wald, und waren so müde von Jammer, Hunger und dem langen Weg, daß sie sich in einen hohlen Baum setzten und einschliefen.

Er aber nahm Aschenbuttel aufs Pferd, und ritt mit ihm fort. Als sie an dem Haselbäumchen vorbei kamen, riefen die zwei weißen Täubchen: „rude di gud, rude di gud, kein Blut im Schuck, 2c.

Am andern Morgen ging es aus, sammelte Sternblumen, und fing an zu nähen. Reden konnte es mit niemand, und zum Lachen hatte es keine Lust; es saß da und sah nur auf seine Arbeit.

Als es den Kamm erhandelt hatte, sprach die Alte, nun will ich dich einmal ordentlich kämmen.

Als es abzog und zählte, so lagen nicht weniger als sieben vor ihm todt und streckten die Beine.

Daar gieng Marleenken hen un sed „Brober, gib mi den Appel," averst he sweeg still.

Leil's Märchen und Geschichten eines Großvaters.

Der Regenbogen.

Das Christkindchen.

Knirp und Hupp.

Der Winzger.

Zingrefen.

Das Goldschmen.

Der dicke Restling.

Der Theekessel und das Milchkännchen.

Reithörn.

Mimir und Helga.

Der Kampf mit dem Drachen.

Das Weihnachtsbaum

Der Erlkönig.